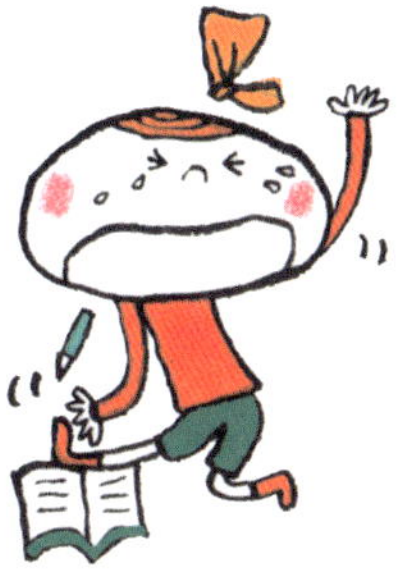

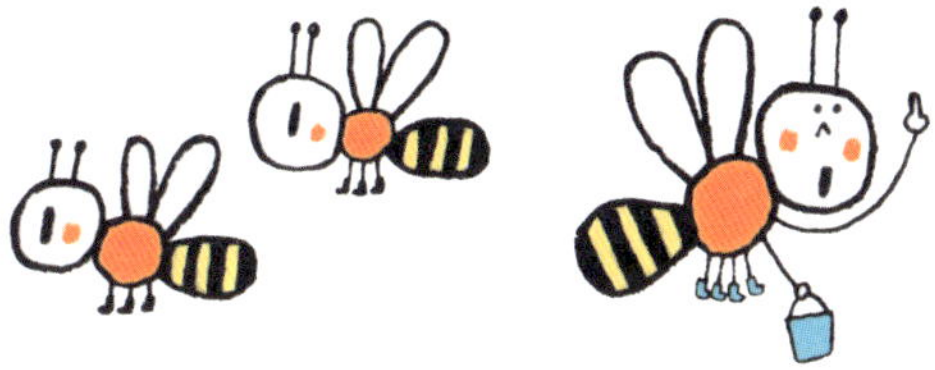

悩みや不安にふりまわされない!

こどもブッダのことば

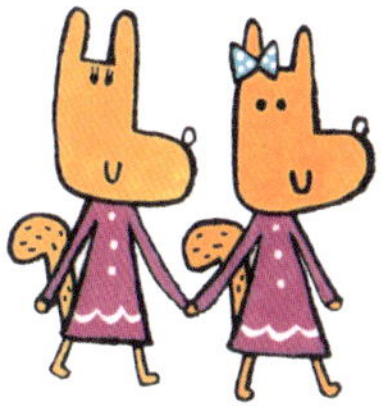

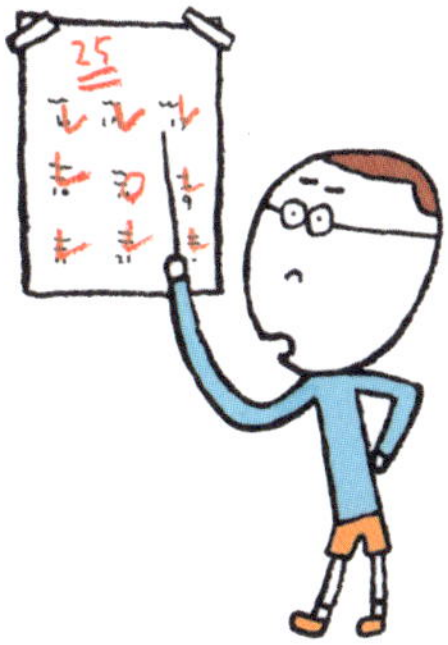

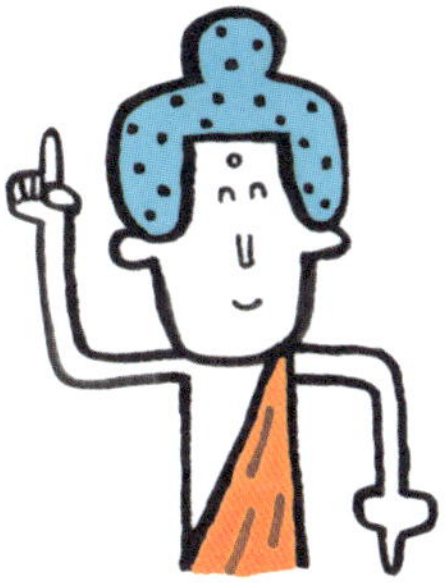

監修
齋藤 孝

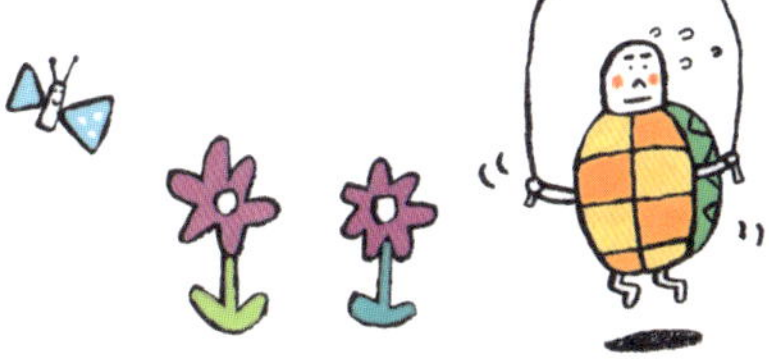

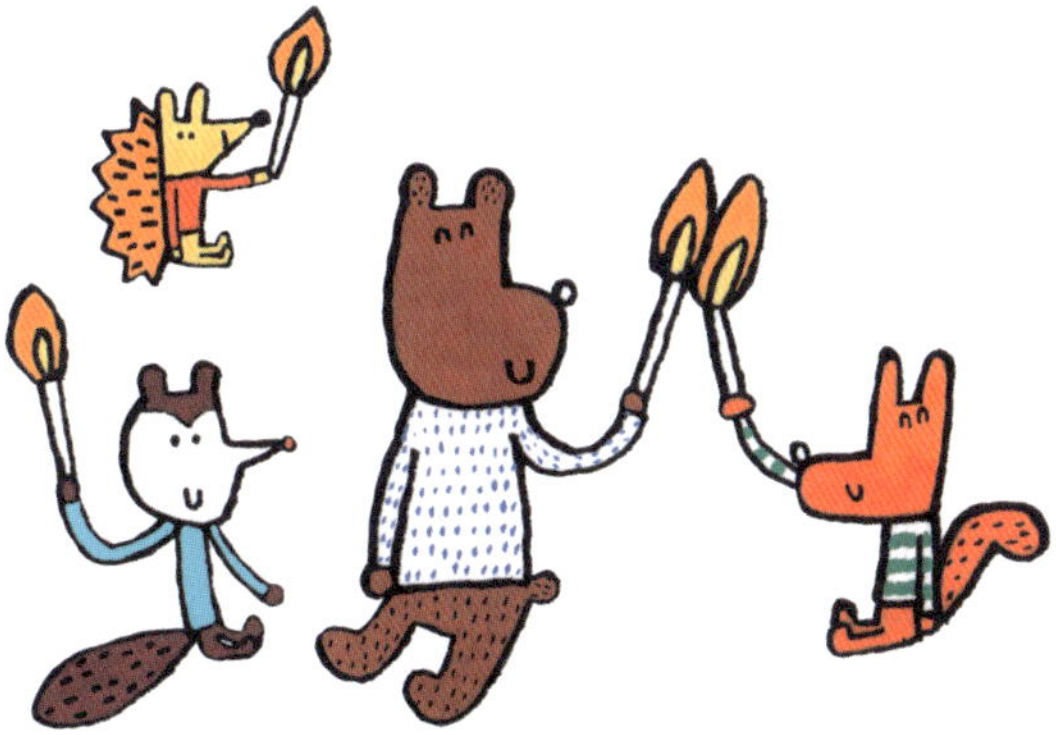

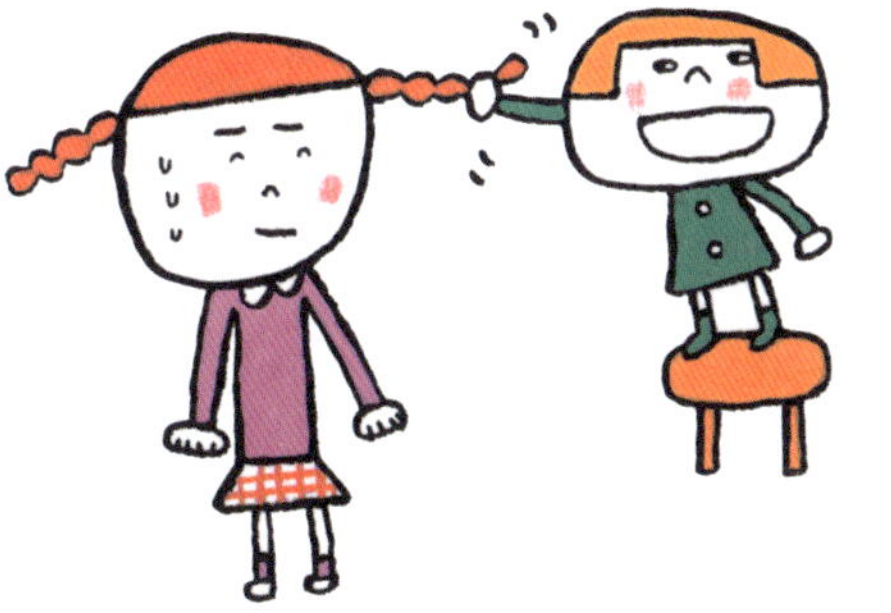

日本図書センター

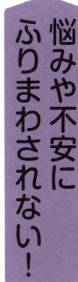

はじめに

みなさんは「ブッダ」を知《し》っていますか？　ブッダは、ずっとむかし、インド北部《ほくぶ》で仏教《ぶっきょう》をはじめた人《ひと》です。そのブッダの教《おし》えのなかで、とくにわかりやすいものとして親《した》しまれているのが、「ブッダのことば」です。

何千年《なんぜんねん》も前《まえ》に亡《な》くなったブッダの教《おし》えが、どうしていまでも、たくさんの人《ひと》に読《よ》まれているのでしょう？　それは「ブッダのことば」が、悩《なや》みや不安《ふあん》にふりまわされないで生《い》きていくチカラを、あたえてくれるからだと、ぼくは思《おも》っています。そのチカラとは、かんたんにいうと、自分《じぶん》のこころを自分《じぶん》でコントロールするということです。

おとなもこどもも、悩《なや》みや不安《ふあん》をかかえています。逃《に》げられない苦《くる》しみだって、あると思《おも》います。

でも「ブッダのことば」を知《し》って、自分《じぶん》のこころを見《み》つめられるようになれば、いまより少《すこ》しこころが軽《かる》くなって、苦《くる》しみにも向《む》きあうことができるはず！　みなさんに対《たい》してそんな願《ねが》いを込《こ》めて、ぼくはこの『悩《なや》みや不安《ふあん》にふりまわされない！　こどもブッダのことば』を書《か》きました。

この本《ほん》で「こども訳《やく》」にした24のことばは、みなさんに知《し》ってもらいたいものばかりです。ふと開《ひら》いたページから、気軽《きがる》に楽《たの》しんでください。

みなさんがこの本《ほん》をきっかけにして、悩《なや》みや不安《ふあん》にふりまわされず、力強《ちからづよ》く生《い》きていくことができますように！

齋藤《さいとう》 孝《たかし》

もくじ

はじめに 2

この本《ほん》の読《よ》み方《かた》 8

コラム1 ブッダってどんな人《ひと》？ その1 ～どこで生《う》まれたの？～ 10

第《だい》1章《しょう》 自分《じぶん》のこころを見《み》つめるチカラ

よいことをするひけつ 12
善《ぜん》をなすのを急《いそ》げ。悪《あく》から心《こころ》を退《しりぞ》けよ。
善《ぜん》をなすのにのろのろしたら、心《こころ》は悪事《あくじ》をたのしむ。

目標《もくひょう》を達成《たっせい》したいとき 14
たとえためになることを数多《かずおお》く語《かた》るにしても、
それを実行《じっこう》しないならば、その人《ひと》は怠《おこた》っているのである。

つい悪《わる》さをしてしまった… 16
「その報《むく》いはわたしには来《こ》ないだろう」とおもって、
悪《あく》を軽《かろ》んずるな。水《みず》が一滴《いってき》ずつ滴《したた》りおちるならば、
水瓶《みずがめ》でもみたされるのである。

失敗《しっぱい》なんて忘《わす》れたい！ 18
まことではないものを、まことであると見《み》なし、
まことであるものを、まことではないと見《み》なす人々《ひとびと》は、
あやまった思《おも》いにとらわれて、ついに真実《まこと》に達《たっ》しない。

どうすれば成長《せいちょう》できる？ 20
自己《じこ》こそ自分《じぶん》の主《あるじ》である。
他人《たにん》がどうして（自分《じぶん》の）主《あるじ》であろうか？
自己《じこ》をよくととのえたならば、得難《えがた》き主《あるじ》を得《え》る。

おとなになるって？ 22
頭髪《とうはつ》が白《しろ》くなったからとて〈長老《ちょうろう》〉なのではない。
ただ年《とし》をとっただけならば
「空《むな》しく老《お》いぼれた人《ひと》」と言《い》われる。

1人《ひとり》きりはイヤ！
ひとり坐《ざ》し、ひとり臥《ふ》し、ひとり歩《あゆ》み、
なおざりになることなく、わが身《み》をととのえて、
林《はやし》のなかでひとり楽《たの》しめ。
24

コラム2 ブッダってどんな人《ひと》？ その2 ～なにをしたの？～ 26

第《だい》2章《しょう》 人《ひと》となかよくするチカラ

悪口《わるくち》をいいたくなったら…
人《ひと》が生《うま》れたときには、実《じつ》に口《くち》の中《なか》に斧《おの》が生《しょう》じている。
ひとは悪口《わるくち》を語《かた》って、
その斧《おの》によって自分自身《じぶんじしん》を斬《き》るのである。
28

人《ひと》の失敗《しっぱい》が許《ゆる》せない！
他人《たにん》の過去《かこ》を見《み》るなかれ。……
ただ自分《じぶん》の（なしたこととなさなかったことについて）
それが正《ただ》しかったか正《ただ》しくなかったかを、よく反省《はんせい》せよ。
30

やられたらやり返《かえ》す!?
実《じつ》にこの世《よ》においては、
怨《うら》みに報《むく》いるに怨《うら》みを以《もっ》てしたならば、
ついに怨《うら》みの息《や》むことがない。怨《うら》みをすててこそ息《や》む。
32

やさしい気《き》もちをもちたい
ここに誓《たと》えば1本《ぽん》の松明《たいまつ》の火《ひ》があり、数千百人《すうせんびゃくにん》が
〔それをわかちあっても〕もとの火《ひ》は少《すこ》しも減《へ》ったりする
ことがない如《ごと》く、福《ふく》もまたその如《ごと》きものである、と。
34

欠点《けってん》を注意《ちゅうい》された！
〔自分《じぶん》の過《あやま》ちを教《おし》えてくれる〕聡明《そうめい》な人《ひと》に会《あ》ったならば、
その賢《かしこ》い人《ひと》につき従《したが》え……そのような人《ひと》につき従《したが》うならば、
善《よ》いことがあり、悪《わる》いことは無《な》い。
36

ほかの人《ひと》と意見《いけん》がちがうとき
他《ほか》（の説《せつ》）を、「愚《おろ》かである」、「不浄《ふじょう》の教《おし》えである」、
と説《と》くならば、かれはみずから確執《かくしつ》をもたらすであろう。
38

コラム3 「ブッダのことば」ってどんなもの？ 40

第《だい》3章《しょう》 前《まえ》向《む》きに生《い》きるチカラ

うまくいかないことばかり…

ものごとは心《こころ》にもとづき、心《こころ》を主《あるじ》とし、心《こころ》によってつくり出《だ》される。もしも汚《よご》れた心《こころ》で話《はな》したり行《おこ》なったりするならば、苦《くる》しみはその人《ひと》につき従《したが》う。

42

自分《じぶん》の行動《こうどう》に迷《まよ》ったら？

もしも或《あ》る行為《こうい》をしたのちに、それを後悔《こうかい》して、顔《かお》に涙《なみだ》を流《なが》して泣《な》きながら、その報《むく》いを受《う》けるならば、その行為《こうい》をしたことは善《よ》くない。

44

友《とも》だちをきずつけてしまった…

以前《いぜん》には悪《わる》い行《おこ》ないをした人《ひと》でも、のちに善《ぜん》によってつぐなうならば、その人《ひと》はこの世《よ》の中《なか》を照《て》らす。――雲《くも》を離《はな》れた月《つき》のように。

46

どうしてこんなに切《せつ》ないの？

「これはわがものである」また「これは他人《たにん》のものである」というような思《おも》いが何《なに》も存在《そんざい》しない人《ひと》〔そうした人《ひと》は〕「われになし」といって悲《かな》しむことがない。

48

だれも賛成《さんせい》してくれない！

諸々《もろもろ》のことがらについて常《つね》に理法《りほう》に従《したが》って行《おこな》い、諸々《もろもろ》の生存《せいぞん》には患《うれ》いのあることを確《たし》かに知《し》って、犀《さい》の角《つの》のようにただ独《ひと》り歩《あゆ》め。

50

悩《なや》みや不安《ふあん》で苦《くる》しいとき
「一切《いっさい》の形成《けいせい》されたものは無常《むじょう》である」（諸行無常《しょぎょうむじょう》）と明《あき》らかな知慧《ちえ》をもって観《み》るときに、ひとは苦《くる》しみから遠《とお》ざかり離《はな》れる。
52

コラム4 「ブッダのことば」は、どんな人《ひと》に親《した》しまれてきたの？ 54

第《だい》4章《しょう》　充実《じゅうじつ》した人生《じんせい》をすごすチカラ

しあわせに生《い》きるとは…　56

「一切《いっさい》の形成《けいせい》されたものは苦《くる》しみである」（一切皆苦《いっさいかいく》）と明《あき》らかな知慧《ちえ》をもって観《み》るときに、ひとは苦《くる》しみから遠《とお》ざかり離《はな》れる。

夢《ゆめ》をかなえたい！　58

つまらぬ快楽《かいらく》を捨《す》てることによって、広大《こうだい》なる楽《たの》しみを見《み》ることができるのであるなら、心《こころ》ある人《ひと》は広大《こうだい》な楽《たの》しみをのぞんで、つまらぬ快楽《かいらく》を捨《す》てよ。

ほしいものがたくさんある！　60

足《た》ることを知《し》り、……聡明《そうめい》で、高《たか》ぶることなく、諸々《もろもろ》の（ひとの）家《いえ》で貪《むさぼ》ることがない。

立派《りっぱ》な人《ひと》になりたい！　62

あたかも、母《はは》が己《おの》が独《ひと》り子《ご》を命《いのち》を賭《か》けても護《まも》るように、そのように一切《いっさい》の生《い》きとし生《い》けるものどもに対《たい》しても、無量《むりょう》の（慈《いつく》しみの）こころを起《おこ》すべし。

自分《じぶん》の人生《じんせい》をどう生《い》きる？　64

生《うま》れによって〈バラモン〉となるのではない。……行為《こうい》によって〈バラモン〉なのである。

日本語《にほんご》になったブッダの教《おし》え　66

おわりに　70

この本《ほん》の読《よ》み方《かた》

「ブッダのことば」には、いろいろな場面《ばめん》で、どのように考《かんが》え、どのように行動《こうどう》すべきかを決断《けつだん》するヒントがつまっているよ。
くり返《かえ》し読《よ》んで、悩《なや》みや不安《ふあん》にふりまわされないチカラをつけよう！

よいことをする
ひけつ

善《ぜん》をなすのを急《いそ》げ。悪《あく》から心《こころ》を退《しりぞ》けよ。
善《ぜん》をなすのにのろのろしたら、心《こころ》は悪事《あくじ》をたのしむ。

「めんどくさい」が
生《う》まれるのは
あっという間《ま》。
よいと思《おも》ったことは、
迷《まよ》わずにすぐやろう。

12

そのことばが**役立《やくだ》つ場面《ばめん》**を紹介《しょうかい》しているよ。きみの状況《じょうきょう》や気《き》もちにあったことばが見《み》つけられるよ。

「ブッダのことば」を**日本語《にほんご》に訳《やく》した文章《ぶんしょう》**だよ。声《こえ》に出《だ》して読《よ》んでみよう。

ことばをわかりやすく説明《せつめい》した**こども訳《やく》**だよ。ユニークなイラストといっしょなら、ことばの理解《りかい》が深《ふか》まるはず。

第《だい》1章《しょう》　自分《じぶん》のこころを見《み》つめるチカラ

思《おも》い切《き》ってすぐに行動《こうどう》してみよう！

世《よ》の中《なか》のよい・悪《わる》いについて考《かんが》えたブッダせんせい。そんなブッダせんせいが教《おし》える「よいことをするひけつ」は、「すぐにやること」なんだって。

電車《でんしゃ》のなかでこまっている人《ひと》に席《せき》をゆずろうと思《おも》っても、はずかしかったり、声《こえ》をかける勇気《ゆうき》がなかったり……。そんなこと、きみにもあるんじゃないかな？

でも迷《まよ》っていてはダメ！　なぜなら、人《ひと》のこころにはすぐ「めんどくさい」が生《う》まれてくるものだからね。その気《き》もちはどんどんふくらんで、いつの間《ま》にか「よいことをしよう」という気《き》もちよりも大《おお》きくなってしまうんだ。それでは、きみのこころにめばえたすてきな気《き》もちが、むだになってしまって、もったいない！

どんな小《ちい》さなことでもかまわない。きみがよいことだと感《かん》じたら、迷《まよ》わずすぐに行動《こうどう》してみよう。

13

きみにおぼえておいてほしいことを、ブッダせんせいが**アドバイス**しているよ。

身近《みぢか》な出来事《できごと》などを例《れい》にしながら、こども訳《やく》を**くわしく解説《かいせつ》**しているよ。むずかしいときは、おとなに聞《き》いてみよう。

＊この本《ほん》の訳文《やくぶん》は、『ブッダの　真理《しんり》のことば　感興《かんきょう》のことば』『ブッダのことば　スッタニパータ』（どちらも中村元訳《なかむらはじめやく》・岩波文庫《いわなみぶんこ》）、『仏道入門《ぶつどうにゅうもん》　四十二章経《しじゅうにしょうきょう》を読《よ》む』（古田紹欽《ふるたしょうきん》・講談社学術文庫《こうだんしゃがくじゅつぶんこ》）を参照《さんしょう》しました。（　）〈　〉などはそのまま引用《いんよう》し、一部《いちぶ》〔　〕で内容《ないよう》を補足《ほそく》しました。

ブッダってどんな人《ひと》？ その1 ～どこで生《う》まれたの？～

　ブッダって、どんな人《ひと》なんだろう？　世界《せかい》に広《ひろ》まっている、仏教《ぶっきょう》という教《おし》えをはじめた人《ひと》だけど、じつは正確《せいかく》なことはわかっていないんだ。でも仏教《ぶっきょう》を信《しん》じる人《ひと》びとは、ブッダの一生《いっしょう》をこんなふうに語《かた》り伝《つた》えているよ。

　ブッダはいまから2500年《ねん》くらい前《まえ》、インド北部《ほくぶ》のカピラヴァストゥという国《くに》の王子《おうじ》として生《う》まれた。そのころはゴータマ・シッダールタという名前《なまえ》だったんだ。

　シッダールタは王子《おうじ》として成長《せいちょう》し、結婚《けっこん》してこどもにも恵《めぐ》まれ、なに不自由《ふじゆう》ない生活《せいかつ》をしていたよ。でもあるとき、年老《としお》いて弱《よわ》った人《ひと》、病気《びょうき》で苦《くる》しんでいる人《ひと》、死《し》んでしまった人《ひと》に、立《た》て続《つづ》けに出会《であ》い、老《お》い、病《やま》い、死《し》の苦《くる》しみからは、だれも逃《のが》れられないということに、シッダールタは大《おお》きなショックを受《う》けてしまった。そして29歳《さい》で、地位《ちい》も家族《かぞく》も捨《す》てて、生《い》きるとはどういうことかを知《し》るため、修行《しゅぎょう》の旅《たび》に出《で》ることにしたんだ。

第《だい》1章《しょう》

自分《じぶん》のこころを見《み》つめるチカラ

成長《せいちょう》するための第《だい》1歩《ぽ》は、自分《じぶん》について考《かんが》えること。
この章《しょう》では、こころを見つめるチカラとはなにかを、
ブッダせんせいのことばから学《まな》ぼう！

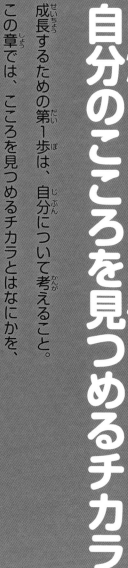

よいことをする ひけつ

善《ぜん》をなすのを急《いそ》げ。悪《あく》から心《こころ》を退《しりぞ》けよ。
善《ぜん》をなすのにのろのろしたら、心《こころ》は悪事《あくじ》をたのしむ。

「めんどくさい」が
生《う》まれるのは
あっという間《ま》。
よいと思《おも》ったことは、
迷《まよ》わずにすぐやろう。

思《おも》い切《き》ってすぐに行動《こうどう》してみよう！

世《よ》の中《なか》のよい・悪《わる》いについて考《かんが》えたブッダせんせい。そんなブッダせんせいが教《おし》える「よいことをするひけつ」は、「すぐにやること」なんだって。

電車《でんしゃ》のなかでこまっている人《ひと》に席《せき》をゆずろうと思《おも》っても、はずかしかったり、声《こえ》をかける勇気《ゆうき》がなかったり……。そんなこと、きみにもあるんじゃないかな？

でも迷《まよ》っていてはダメ！　なぜなら、人《ひと》のこころにはすぐ「めんどくさい」が生《う》まれてくるものだからね。その気《き》もちはどんどんふくらんで、いつの間《ま》にか「よいことをしよう」という気《き》もちよりも大《おお》きくなってしまうんだ。それでは、きみのこころにめばえたすてきな気《き》もちが、むだになってしまって、もったいない！

どんな小《ちい》さなことでもかまわない。きみがよいことだと感《かん》じたら、迷《まよ》わずすぐに行動《こうどう》してみよう。

目標《もくひょう》を達成《たっせい》したいとき

立派《りっぱ》なことを
いっただけで
満足《まんぞく》しては
いけないよ。
実行《じっこう》してこそ、
それは本物《ほんもの》。

たとえためになることを数多《かずおお》く語《かた》るにしても、
それを実行《じっこう》しないならば、その人《ひと》は怠《おこた》っているのである。

少《すこ》しずつでもやってみる！

早起《はやお》きして、犬《いぬ》の散歩《さんぽ》をする！　学校《がっこう》から帰《かえ》ったら、宿題《しゅくだい》は遊《あそ》びに行《い》く前《まえ》にやる！　目標《もくひょう》を立《た》てると、それだけであたらしい気《き》もちになれるね。でも、目標《もくひょう》を立《た》てただけで満足《まんぞく》していないかな？　そんなときは、ブッダせんせいのこのことばを思《おも》い出《だ》してほしい。

ブッダせんせいは、目標《もくひょう》を立《た》てただけで満足《まんぞく》せずに、その実現《じつげん》のために行動《こうどう》しようといっているよ。高《たか》い目標《もくひょう》をかかげることは、とてもだいじだけど、それだけで満足《まんぞく》してはいけない。目標《もくひょう》に向《む》かってきみが行動《こうどう》してこそ、はじめてその目《もく》標《ひょう》が生《い》きてくるんだ。

もちろん、決《き》めたことを実行《じっこう》するのは、かんたんなことではないよ。でも、少《すこ》しずつでもいいから、実際《じっさい》にやってみよう。もし失敗《しっぱい》してしまっても、あきらめないで！　挑戦《ちょうせん》する気《き》もちをもち続《つづ》けることが重要《じゅうよう》だよ。

つい悪《わる》さを してしまった…

「その報《むく》いはわたしには来《こ》ないだろう」とおもって、
悪《あく》を軽《かろ》んずるな。水《みず》が一滴《いってき》ずつ滴《したた》りおちるならば、
水瓶《みずがめ》でもみたされるのである。

小《ちい》さな悪《あく》こそ甘《あま》くみないで！やがて、大《おお》きな悪《あく》につながるよ。

小《ちい》さな悪《あく》でもしてはいけない！

「めんどくさい」の気《き》もちは、こころのなかでふえてしまうって、ブッダせんせいはいっていたよね。じつは同《おな》じように、きみが「ちょっとしたこと」だと思《おも》う小《ちい》さな悪《あく》も、つみ重《かさ》なると大《おお》きな悪《あく》に育《そだ》ってしまうんだって。

「悪《あく》」だなんておおげさだって、きみは思《おも》うかもしれないね。でも、それはまちがいだよ。1滴《てき》ずつしたたり落《お》ちる水《すい》滴《てき》が、いつかは水瓶《みずがめ》をいっぱいにするように、小《ちい》さな悪《あく》だっていつかは大《おお》きな悪《あく》になって、きみのこころをむしばんでしまうんだ。だから、小《ちい》さな悪《あく》こそ甘《あま》くみてはいけないって、ブッダせんせいは教《おし》えてくれているんだよ。

どんな小《ちい》さな悪《わる》さだって、やってはいけない。そして、もし悪《わる》さをしてしまったら、ちゃんと反省《はんせい》して、くりかえさないこと。たとえ小《ちい》さくても、きみのこころに大《おお》きな悪《あく》が育《そだ》たないようにするんだ。

失敗《しっぱい》なんて忘《わす》れたい！

都合《つごう》の悪《わる》いことは見《み》えにくい。都合《つごう》のいいことは見《み》えやすい。なにが本当《ほんとう》か見《み》きわめよう。

まことではないものを、まことであると見《み》なし、まことであるものを、まことではないと見《み》なす人々《ひとびと》は、あやまった思《おも》いにとらわれて、ついに真実《まこと》に達《たっ》しない。

現実《げんじつ》を見《み》つめることがスタート

ブッダせんせいは、失敗《しっぱい》をしたときには、まずものごとをありのままに見《み》つめるべきだといっているんだ。

ものごとのありのままを見《み》つめるとは、失敗《しっぱい》したという、その結果《けっか》から逃《に》げないこと。いいわけをしたり、人《ひと》のせいにしたりしないで、現実《げんじつ》を受《う》け入《い》れることと、いえるかもしれないね。そしてなにがいけなかったのか、よく考《かんが》えるんだ。なにが本当《ほんとう》かを見《み》きわめることで、きみは成長《せいちょう》に向《む》かってスタートすることができるよ。

いつもより勉強《べんきょう》をしたつもりだったのに、テストの点数《てんすう》が悪《わる》かったり、先生《せんせい》から何度《なんど》も注意《ちゅうい》されたことを、またやってしまったり。きみが成長《せいちょう》するためには、まだまだいろいろな失敗《しっぱい》をしてしまうかもしれない。もしも失敗《しっぱい》してしまったら、まずそれを受《う》け入《い》れて、現実《げんじつ》をまっすぐに見《み》つめることを、忘《わす》れないようにしようよ。

どうすれば
成長《せいちょう》できる？

自己《じこ》こそ自分《じぶん》の主《あるじ》である。
他人《たにん》がどうして（自分《じぶん》の）主《あるじ》であろうか？
自己《じこ》をよくととのえたならば、得難《えがた》き主《あるじ》を得《え》る。

自分《じぶん》にきびしく
できるのは、
本当《ほんとう》は
きみだけだよ。

成長《せいちょう》できるかどうかは自分《じぶん》しだい

ふだんの生活《せいかつ》で、自分《じぶん》を成長《せいちょう》させてくれるような人《ひと》に出会《であ》えたら、とてもしあわせなこと。でも、そんな尊敬《そんけい》できる人《ひと》に出会《であ》うことがなくても、だいじょうぶ！　ブッダせんせいの、ぴったりのアドバイスがあるよ。

それは、「自分《じぶん》こそ自分《じぶん》の主《あるじ》である」ということばなんだ。人生《じんせい》の主人公《しゅじんこう》はきみ自身《じしん》だから、成長《せいちょう》できるかどうかは、自《じ》分《ぶん》しだい。すばらしい人《ひと》に出会《であ》えなかったり、ここは自分《じぶん》が成長《せいちょう》できるような場所《ばしょ》ではないなと思《おも》っても、きみ自身《じしん》が自《じ》分《ぶん》の「主《あるじ》」として、しっかりと考《かんが》えて行動《こうどう》していくことはできるんだ。

だから、自分《じぶん》が成長《せいちょう》できないことをまわりの人《ひと》のせいにしないで、毎日《まいにち》の生活《せいかつ》のなかできびしいこころをもって、自分《じぶん》をきたえよう！　自分《じぶん》にきびしくできるのは、本当《ほんとう》はきみだけだよ。どんなことでも、自分《じぶん》しだいだからね。

おとなに なるって？

年《とし》を重《かさ》ねるだけでは、からっぽのおとなになってしまうよ。

頭髪《とうはつ》が白《しろ》くなったからとて〈長老《ちょうろう》〉なのではない。ただ年《とし》をとっただけならば「空《むな》しく老《お》いぼれた人《ひと》」と言《い》われる。

こんなおとなにはなりたくない！
ボカン
カンカン
ゴミをすてるな

たまには自分《じぶん》の成長《せいちょう》を確認《かくにん》！

世《よ》の中《なか》には、悪《わる》いことをするおとなもいれば、だらしないおとなもいる。そんな人《ひと》たちを見《み》たら、あんなおとなにはなりたくないって思《おも》うよね。

ブッダせんせいは、ぼんやりと年《とし》をとっただけの人《ひと》はからっぽで、本当《ほんとう》のおとなとはいえないっていっているよ。人《ひと》として、はずかしくない行動《こうどう》ができて、はじめて本当《ほんとう》のおとなといえるってことなんだ。

きみは年齢《ねんれい》があがって、勉強《べんきょう》もスポーツも、前《まえ》よりもできるようになっていくだろう。家族《かぞく》もみんな、きみの成長《せいちょう》を喜《よろこ》んでくれる。だけど、それだけで安心《あんしん》してはいけないよ。自《じ》分《ぶん》の考《かんが》えや行動《こうどう》が、前《まえ》よりも成長《せいちょう》しているか、ときには自分《じぶん》自身《じしん》に問《と》いかけてみるんだ。

いつかおとなになったときに、こどもたちから、「からっぽのおとなだ」なんて、いわれないようにしよう！

1人《ひとり》きりは イヤ！

1人《ひとり》の時間《じかん》は とてもたいせつ。自分《じぶん》を見《み》つめなおす自由時間《じゆうじかん》だよ。

ひとり坐《ざ》し、ひとり臥《ふ》し、ひとり歩《あゆ》み、
なおざりになることなく、わが身《み》をととのえて、
林《はやし》のなかでひとり楽《たの》しめ。

自分《じぶん》のこころと話《はな》してみよう

学校《がっこう》では友《とも》だちと、帰宅《きたく》したら家族《かぞく》と、ずっとおしゃべり。いつでもどこでも、だれかといっしょにいたい。そんなきみにブッダせんせいは、自分《じぶん》を見失《みうしな》わないために1人《ひとり》の時間《じかん》をつくることをすすめているよ。

家族《かぞく》や友《とも》だちといるときは、みんなでなかよくすごそう。だけど、ふっと1人《ひとり》になるときもあるよね。そのときこそ、きみが自分《じぶん》を見《み》つめなおすチャンスだよ。これまでの人生《じんせい》、家族《かぞく》や友《とも》だちのこと、将来《しょうらい》のこと、そして自分自身《じぶんじしん》のことを、じっくりと考《かんが》えてみよう。自分《じぶん》がどんな人間《にんげん》なのか、なにをしていくべきか、確認《かくにん》できるはずだよ。

1人《ひとり》きりでいることは、はじめはこわいかもしれない。でも、その時間《じかん》をとっておきの自由時間《じゆうじかん》にして、自分《じぶん》のこころと話《はな》してみよう。まわりの人《ひと》といる時間《じかん》、1人《ひとり》でいる時間《じかん》、どちらも楽《たの》しめればいいいね！

コラム2

ブッダってどんな人《ひと》？ その2 ～なにをしたの？～

生《い》きることとはなにかを知《し》るために、旅《たび》に出《で》たシッダールタは、6年《ねん》ものあいだ、きびしい修行《しゅぎょう》でからだを痛《いた》め続《つづ》けたよ。そのせいで、すっかり弱《よわ》ってしまったシッダールタは、スジャータという女《おんな》の人《ひと》に、甘《あま》い乳粥《ちちがゆ》をもらって命《いのち》びろいをするんだ。その瞬間《しゅんかん》、シッダールタは、からだを傷《きず》つける修行《しゅぎょう》ではなく、こころしずかに自分《じぶん》を見《み》つめることがだいじだって、気《き》づいたといわれているよ。

シッダールタは35歳《さい》でついに、悟《さと》りをひらいたんだ。「悟《さと》り」とは、人《ひと》はなぜ苦《くる》しむのか、自分《じぶん》とはなにか、それらのすべての答《こた》えを見《み》つけ出《だ》すということ。

「悟《さと》り」をひらたシッダールタは、「ブッダ」とよばれるようになった。「ブッダ」には、「目覚《めざ》めた人《ひと》」「悟《さと》りをひらいた人《ひと》」への尊敬《そんけい》の意味《いみ》があるよ。80歳《さい》で亡《な》くなったあとも、ブッダの弟子《でし》たちは、その教《おし》えをたくさんの人《ひと》びとに伝《つた》えた。それがいま、仏教《ぶっきょう》として世《せ》界中《かいじゅう》に広《ひろ》まっているんだ。

第《だい》2章《しょう》

人《ひと》となかよくするチカラ

自分《じぶん》について考《かんが》えることは、
まわりの人《ひと》についても考《かんが》えること。
この章《しょう》では、人《ひと》となかよくするチカラについて、
ブッダせんせいに教《おし》えてもらおう。

悪口《わるくち》をいいたくなったら…

悪口《わるくち》は相手《あいて》を
きずつける
だけじゃない。
自分自身《じぶんじしん》も
きずつけるよ。

人《ひと》が生《う》まれたときには、実《じつ》に口《くち》の中《なか》に斧《おの》が生《しょう》じている。
ひとは悪口《わるくち》を語《かた》って、
その斧《おの》によって自分自身《じぶんじしん》を斬《き》るのである。

相手《あいて》も自分《じぶん》もきずつけないで！

つい頭《あたま》にきてしまって、だれかの悪口《わるくち》をいってしまうことって、きみにもあるんじゃないかな？　悪口《わるくち》をいわれた人《ひと》は、きっときずつくよね。でも悪口《わるくち》は、それをいった人自身《ひとじしん》も、きずつけてしまうんだ。ブッダせんせいは、人《ひと》は生《う》まれたときから口《くち》のなかに斧《おの》があって、悪口《わるくち》をいうことは、その斧《おの》で自分自身《じぶんじしん》を斬《き》りつけるようなものだといっているよ。

悪口《わるくち》を斧《おの》にたとえるなんて、こわいよね。でもそれほど、悪口《わるくち》はおそろしいんだ。悪口《わるくち》をいわれた人《ひと》は、そのことで苦《くる》しい思《おも》いをするだろう。そして、悪口《わるくち》で人《ひと》をきずつけてしまったきみ自身《じしん》も、自分《じぶん》のこころを汚《よご》すことになる。悪口《わるくち》は相手《あいて》だけではなく、自分《じぶん》もきずつけてしまうんだ。

もしも悪口《わるくち》をいいたくなっても、まずこころを落《お》ちつけよう。きみのいうことが、相手《あいて》と自分《じぶん》をきずつけもするし、しあわせにもするってこと、しっかりおぼえておこう。

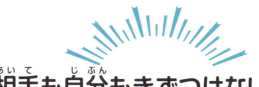

人《ひと》の失敗《しっぱい》が許《ゆる》せない！

人《ひと》の失敗《しっぱい》は、自分《じぶん》を見《み》つめなおすチャンスだよ。

他人《たにん》の過去《かこ》を見《み》るなかれ。……
ただ自分《じぶん》の（なしたこととなさなかったことについて）
それが正《ただ》しかったか正《ただ》しくなかったかを、よく反省《はんせい》せよ。

自分《じぶん》の行動《こうどう》をふりかえろう

サッカーやバスケットボールのだいじな試合《しあい》で、ミスばかりする友《とも》だちに頭《あたま》にきてしまって、ついきつく怒《おこ》ってしまった……。そんなときには、ブッダせんせいのことばを思《おも》い出《だ》してほしい。

ブッダせんせいは、きびしさは他人《たにん》にではなく自分《じぶん》に対《たい》してもつべきだといっているよ。人《ひと》は、他人《たにん》の失敗《しっぱい》には気《き》づきやすくて、自分《じぶん》の失敗《しっぱい》には気《き》づきにくいもの。失敗《しっぱい》だけじゃないよ。ほかの人《ひと》がよくない行動《こうどう》をしていたら、それを気《き》にするのではなくて、「自分《じぶん》はだいじょうぶ？」って、まずきみ自身《じしん》に問《と》いかけるんだ。きみの失敗《しっぱい》や行動《こうどう》だって、人《ひと》に迷《めい》惑《わく》をかけていることがあるかもしれないからね。

人《ひと》の失敗《しっぱい》は大《おお》きなこころで受《う》け止《と》める。そしてまず、自分《じぶん》の行動《こうどう》を見《み》つめなおす。そうすれば、きみは人《ひと》となかよくすごしながら、もっと成長《せいちょう》できるよ！

やられたら
やり返《かえ》す!?

「やられたら
やり返《かえ》す」には
終《お》わりがないよ。
やり返《かえ》さない
勇気《ゆうき》をもとう。

実《じつ》にこの世《よ》においては、
怨《うら》みに報《むく》いるに怨《うら》みを以《もっ》てしたならば、
ついに怨《うら》みの息《や》むことがない。怨《うら》みをすててこそ息《や》む。

悪《わる》い流《なが》れを断《た》ち切《き》ろう！

「悪口《わるくち》は相手《あいて》をきずつけるだけじゃない。自分自身《じぶんじしん》もきずつけるよ」って、ブッダせんせいはいっていたね。悪口《わるくち》は、とってもおそろしいものなんだ。でも、きみがなにもしていないのに、友《とも》だちに悪口《わるくち》をいわれたらどうだろう？　きっといい返《かえ》したくなるんじゃないかな。

ブッダせんせいは、「やられたらやり返《かえ》す」には、終《お》わりがないから、やり返《かえ》さない勇気《ゆうき》をもとうって、教《おし》えてくれているよ。相手《あいて》の悪口《わるくち》に対《たい》して、きみもまた悪口《わるくち》をいう。そんなことをくり返《かえ》していたら、きみも相手《あいて》も、こころのきずがどんどん深《ふか》くなってしまうからね。

どちらかが、そのくり返《かえ》しをやめなくてはいけない。だったらきみの方《ほう》から、その悪《わる》い流《なが》れを断《た》ち切《き》ろう。相手《あいて》をうらむ気《き》もちや、頭《あたま》にきた気《き》もちなんて放《ほう》り出《だ》す。それこそが、本当《ほんとう》の勇気《ゆうき》なんだ。

やさしい気《き》もちをもちたい

しあわせは
みんなで
わけあおう。
いくらわけ
あっても
へらないよ。

ここに誓《たと》えば1本《ぽん》の松明《たいまつ》の火《ひ》があり、数千百人《すうせんびゃくにん》が（それをわかちあっても）もとの火《ひ》は少《すこ》しも減《へ》ったりすることがない如《ごと》く、福《ふく》もまたその如《ごと》きものである、と。

わかちあうことが本当《ほんとう》のしあわせ

もしきみが「しあわせだな」と感《かん》じることがあったら、1人《ひとり》だけで満足《まんぞく》しないで、その気《き》もちをみんなでわかちあってほしいと、ブッダせんせいはいっているよ。

ブッダせんせいは、しあわせはみんなでわけあってもへらないものだと考《かんが》えていたんだ。食《た》べものもお金《かね》も、わければへってしまうけど、しあわせはへらないものなんだ。

たった1つのたいまつが、ほかのたいまつにつぎつぎと火《ひ》をつけていっても、最初《さいしょ》のたいまつの炎《ほのお》が消《き》えはしないように、きみがしあわせをだれかにわけてあげても、きみは決《けっ》して不幸《ふこう》になったりはしないよ。しあわせは、たくさんの人《ひと》とわかちあえるもので、わかちあえば、それだけふえていくものだからね。

だからまず、きみ自身《じしん》がしあわせになるように努力《どりょく》する。そしてしあわせを手《て》にしたら、みんなでわかちあおうよ。

欠点《けってん》を注意《ちゅうい》された！

欠点《けってん》を教《おし》えてくれる人《ひと》こそ、必要《ひつよう》だよ。

〔自分《じぶん》の過《あやま》ちを教《おし》えてくれる〕聡明《そうめい》な人《ひと》に会《あ》ったならば、その賢《かしこ》い人《ひと》につき従《したが》え……そのような人《ひと》につき従《したが》うならば、善《よ》いことがあり、悪《わる》いことは無《な》い。

成長《せいちょう》のヒントを受《う》け止《と》めよう！

自分《じぶん》を高《たか》めるために必要《ひつよう》なことってなんだろう？　目標《もくひょう》に向《む》かって努力《どりょく》する、自分《じぶん》をふりかえって反省《はんせい》する……。ブッダせんせいは、自分《じぶん》の欠点《けってん》を知《し》らせてくれる人《ひと》こそ必要《ひつよう》だと考《かんが》えていたよ。

だれでも、欠点《けってん》を指摘《してき》されればイヤな気《き》もちになるよね。友《とも》だちからいわれれば腹《はら》が立《た》つし、両親《りょうしん》や先生《せんせい》に注意《ちゅうい》されても、やっぱりおもしろくない。でも、きみのまわりにいる人《ひと》だからこそわかることって、けっこうあるんだよ。だから、自分《じぶん》をほめてくれる人《ひと》だけではなく、きみのためを思《おも》って、欠点《けってん》もちゃんと教《おし》えてくれる人《ひと》こそ、たいせつにするべきなんだ。

欠点《けってん》を教《おし》えられたら、落《お》ち込《こ》んだり、怒《おこ》ったりしないで、まずは素直《すなお》に受《う》け止《と》めよう。そこには、自分《じぶん》では気《き》づけなかった成長《せいちょう》のヒントが、きっとかくされているよ！

ほかの人《ひと》と意見《いけん》が ちがうとき

意見《いけん》がちがうのは
あたりまえ。
自分《じぶん》の意見《いけん》と
同《おな》じように、
相手《あいて》の意見《いけん》も
たいせつにしよう。

他《ほか》（の説《せつ》）を、「愚《おろ》かである」、「不浄《ふじょう》の教《おし》えである」、と説《と》くならば、かれはみずから確執《かくしつ》をもたらすであろう。

ちがいを認《みと》めてレベルアップ！

きみは、「十人《じゅうにん》十《と》色《いろ》」という四《よ》字《じ》熟語《じゅくご》を知《し》っているかな？人間《にんげん》が10人《にん》いれば、その10人《にん》の好《この》みや考《かんが》えはみんなちがっているっていう意味《いみ》だよ。

ブッダせんせいは、自分《じぶん》に自信《じしん》があるのはとてもよいことだけど、その自信《じしん》が強《つよ》すぎて、人《ひと》の意見《いけん》を聞《き》けなくなってはいけないと、教《おし》えてくれているんだ。

自分《じぶん》の意見《いけん》に自信《じしん》をもつことは、悪《わる》いことじゃない。でも、そこにこだわると、人《ひと》の意見《いけん》が聞《き》けなくなることがあるんだ。自分《じぶん》とちがう意見《いけん》には、きみが学《まな》べること、きみの考《かんが》えを広《ひろ》げてくれることがあるかもしれないのに、そのチャンスをのがしてしまうのは、残念《ざんねん》だよね。

だからまず、相手《あいて》の意見《いけん》に耳《みみ》をかたむける。そして、たとえ納得《なっとく》できなくても、相手《あいて》の考《かんが》えをたいせつにしながら、自《じ》分《ぶん》の考《かんが》えもしっかりともつようにしよう！

コラム3
「ブッダのことば」ってどんなもの？

ブッダの教《おし》えとして知《し》られているものは、じつはブッダ本人《ほんにん》が書《か》いたものではないよ。

その教《おし》えは、ブッダが亡《な》くなったあと、数百年《すうひゃくねん》の長《なが》い時間《じかん》をかけて弟子《でし》たちがまとめた、たくさんの「お経《きょう》」（経典《きょうてん》）に残《のこ》されている。そうしたお経《きょう》といっしょに、ブッダの教《おし》え（仏教《ぶっきょう》）は、インドから東南《とうなん》アジア、中国《ちゅうごく》、日本《にほん》へと伝《つた》わっていったんだ。

『スッタニパータ』や『ダンマパダ』などは、たくさんのお経《きょう》のなかでも、とくに古《ふる》い時代《じだい》のお経《きょう》として有名《ゆうめい》だよ。詩《し》のようにきれいな文章《ぶんしょう》で、ブッダの教《おし》えが、生《い》き生《い》きと記《しる》されているんだ。

そのなかから、たいせつな教《おし》えをまとめたものが、「ブッダのことば」とよばれているよ。シンプルでわかりやすいので、いまの人《ひと》のこころにもすっと入《はい》っていくんだ。「ブッダのことば」は、ブッダを知《し》るはじめの一歩《いっぽ》にぴったりなんだよ。

第《だい》3章《しょう》

前《まえ》向《む》きに生《い》きるチカラ

どれだけ努力《どりょく》をしても、悩《なや》みや失敗《しっぱい》はやってくる。
そんなときは、くじけてしまわないで、気《き》もちを切《き》りかえて前《まえ》を向《む》こう。
そのために必要《ひつよう》なチカラを学《まな》ぶのが、この章《しょう》だよ。

うまくいかない ことばかり…

こころを きれいに 整《ととの》えることが すべてのきほん。 まずそこから はじめよう。

ものごとは心《こころ》にもとづき、心《こころ》を主《あるじ》とし、
心《こころ》によってつくり出《だ》される。もしも汚《よご》れた心《こころ》で話《はな》したり
行《おこ》なったりするならば、苦《くる》しみはその人《ひと》につき従《したが》う。

こころの状態《じょうたい》をチェックしよう！

なにをやってもうまくいかないとき、きみならどうする？　だれかにやつあたりしたり、ぜんぶイヤになっていじけてしまったり……。ブッダせんせいによると、そんなときにはまず、こころを整《ととの》えるのがいいみたいだよ。

ものごとはすべてこころがつくり出《だ》すから、すべてのきほんはこころなんだ。こころが整《ととの》えば、ものごとも整《ととの》う。だから、きみが自分《じぶん》のこころを整理《せいり》できれば、きみのまわりの状況《じょうきょう》だって、自然《しぜん》に整理《せいり》されていくよ。反対《はんたい》に、もしきみのこころが乱《みだ》れたままだと、それがまわりの人《ひと》にもうつって、よくない結果《けっか》を引《ひ》きよせてしまうんだ。

いろいろなことがうまくいかないときには、まずこころを整《ととの》える！　大《おお》きく深呼吸《しんこきゅう》をしてみたり、思《おも》いきり走《はし》ってみたり、好《す》きな音楽《おんがく》を聴《き》いたり……。こころを整《ととの》えるための、きみだけのひけつを見《み》つけておこう！

自分《じぶん》の行動《こうどう》に迷《まよ》ったら？

もしも或《あ》る行為《こうい》をしたのちに、それを後悔《こうかい》して、顔《かお》に涙《なみだ》を流《なが》して泣《な》きながら、その報《むく》いを受《う》けるならば、その行為《こうい》をしたことは善《よ》くない。

するか、しないか迷《まよ》ったときは、未来《みらい》の自分《じぶん》が笑顔《えがお》でいられるか、想像《そうぞう》してみよう。

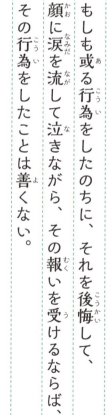

いつでも笑顔《えがお》でいられるように！

　なにかをするかしないか迷《まよ》ってしまったとき、つい、よく考《かんが》えないで行動《こうどう》してしまって後悔《こうかい》したこと、きみにもあるんじゃないかな？

　ブッダせんせいは、迷《まよ》ったときには、未来《みらい》の自分《じぶん》のすがたを想像《そうぞう》してみようっていっているよ。それは、明日《あした》のきみ、将来《しょうらい》のきみが、しあわせな気《き》もちでいられるかどうかを基準《きじゅん》にして、行動《こうどう》しなさいということなんだ。もし未来《みらい》のきみが笑顔《えがお》でいられるようなら、それはやるべきこと。反対《はんたい》に、未《み》来《らい》のきみが涙《なみだ》を流《なが》して反省《はんせい》するようなら、それはやってはいけないことだよ。

　迷《まよ》ったときには、なんとなく行動《こうどう》してはいけないんだ。明日《あした》のきみが泣《な》きながら後悔《こうかい》することのないように、ちゃんと考《かんが》える。そして未来《みらい》の自分《じぶん》が笑顔《えがお》でいられるかどうか、想《そう》像《ぞう》するくせをつけよう！

友《とも》だちをきずつけてしまった…

悪《わる》いことを
してしまっても、
自分《じぶん》をきらいに
なってはいけないよ。
よいことをつみ重《かさ》ねて、
失《うしな》ったものをとり戻《もど》そう。

以前《いぜん》には悪《わる》い行《おこ》ないをした人《ひと》でも、
のちに善《ぜん》によってつぐなうならば、
その人《ひと》はこの世《よ》の中《なか》を照《て》らす。——雲《くも》を離《はな》れた月《つき》のように。

しっかり反省《はんせい》して行動《こうどう》する！

よりよく生《い》きることをめざしていたブッダせんせいは、もしきみが悪《わる》いことをしてしまったときのために、こんなことばを残《のこ》してくれているよ。

やってしまったことをいつまでも悔《く》やんで、自分自身《じぶんじしん》をきらいになってしまわずに、自分《じぶん》のしたことをしっかり見《み》つめて、そのつぐないのため必死《ひっし》に努力《どりょく》をする——ブッダせんせいは、そういっているんだ。

もしきみが、友《とも》だちのこころをきずつけてしまったら、自分《じぶん》の行動《こうどう》を反省《はんせい》して、相手《あいて》のためにできることを探《さが》そう。そして、どんな小《ちい》さなことでもやってみるんだ。そんな行動《こうどう》のつみ重《かさ》ねが、友《とも》だちが負《お》ったきずをやわらげて、おたがいの温《あたた》かい気《き》もちを、とり戻《もど》すことにつながっていくよ。

悪《わる》いことをしたからって、落《お》ち込《こ》んでばかりはいられない。そのぶんよいことをして、前《まえ》に進《すす》む努力《どりょく》をしよう！

どうしてこんなに切《せつ》ないの？

気《き》もちがつらくなったら、「これは自分《じぶん》のもの」というこだわりを、いったん捨《す》ててみよう。

「これはわがものである」また「これは他人《たにん》のものである」というような思《おも》いが何《なに》も存在《そんざい》しない人《ひと》〔そうした人《ひと》は〕「われになし」といって悲《かな》しむことがない。

こだわりから自由《じゆう》になる！

なかよしだと思《おも》っていた友《とも》だちが、自分《じぶん》よりもほかの人《ひと》となかよくしている気《き》がする……。そう感《かん》じたら、なんだか切《せつ》なくて、悲《かな》しい気《き》もちになるよね。そんなときブッダせんせいは、「自分《じぶん》のもの」というこだわりを捨《す》てれば、気《き》もちが楽《らく》になれるっていっているよ。

きみが友《とも》だちをたいせつに思《おも》う気《き》もちはすてきなこと。でも、友《とも》だちはきみのものじゃない。その現実《げんじつ》が、きみのつらさの原因《げんいん》なんだよ。だから、友《とも》だちが「自分《じぶん》のもの」だときみ自身《じしん》が思《おも》い込《こ》んでいないかどうか、よく考《かんが》えてみよう。そして、少《すこ》しでもそんな気《き》もちがあったら、きっぱりと捨《す》ててしまおう。

友《とも》だちだけじゃない。家族《かぞく》、先生《せんせい》、そのほか自分《じぶん》があたえられているいろいろなものへの、これは「自分《じぶん》のもの」というこだわりを捨《す》てて、自由《じゆう》な気《き》もちになってみよう！

だれも賛成《さんせい》してくれない！

諸々《もろもろ》のことがらについて常《つね》に理法《りほう》に従《したが》って行《おこな》い、
諸々《もろもろ》の生存《せいぞん》には患《うれ》いのあることを確《たし》かに知《し》って、
犀《さい》の角《つの》のようにただ独《ひと》り歩《あゆ》め。

**正《ただ》しいと
思《おも》ったら、
1人《ひとり》きりに
なっても、
前《まえ》に進《すす》む
強《つよ》さが必要《ひつよう》だよ。**

ときには孤独《こどく》を選《えら》ぼう！

新《あたら》しいことにチャレンジしようと思《おも》ったとき、みんなから反対《はんたい》されてすっかり気《き》もちが折《お》れてしまった……。そんなきみを、ブッダせんせいは「犀《さい》の角《つの》のようにただ独《ひと》り歩《あゆ》め」といって、応援《おうえん》してくれているよ。

群《む》れずに1頭《とう》だけでくらすサイのように、ときには1人《ひとり》になってしまっても、自分《じぶん》でしっかりと考《かんが》えたうえで、決《き》めたことをやりぬく。力強《ちからづよ》く立《た》つ角《つの》をもつサイのように、きっぱりと孤独《こどく》を選《えら》ぶことも必要《ひつよう》——ブッダせんせいは、こんなふうに考《かんが》えていたんだ。

みんなが賛成《さんせい》するかどうかよりもだいじなのは、きみ自身《じしん》が十分《じゅうぶん》に考《かんが》えたかどうかだよ。自分《じぶん》のこころのなかで答《こた》えが決《き》まったら、たとえ1人《ひとり》きりになっても、サイのように前《まえ》に進《すす》むんだ。きみが強《つよ》い気《き》もちで行動《こうどう》すれば、きっと道《みち》が切《き》りひらかれるよ。

悩《なや》みや不安《ふあん》で苦《くる》しいとき

変《か》わらないもの
なんてなにもない。
そう思《おも》えば
悩《なや》みや不安《ふあん》だって、
いつまでも
続《つづ》かないよ。

「一切《いっさい》の形成《けいせい》されたものは無常《むじょう》である」（諸行無常《しょぎょうむじょう》）と
明《あき》らかな知慧《ちえ》をもって観《み》るときに、
ひとは苦《くる》しみから遠《とお》ざかり離《はな》れる。

どんなことでも変化《へんか》するよ！

「諸行無常《しょぎょうむじょう》」って聞《き》いたことあるかな？　ブッダせんせいのことばのなかでも、とくに有名《ゆうめい》なものだよ。「すべてのものは変《か》わっていく」という意味《いみ》なんだ。

川《かわ》の水《みず》はとどまることもなく、流《なが》れ続《つづ》けていくよね。同《おな》じ水《みず》は、2度《ど》とやってこない。それと同《おな》じように、世《よ》の中《なか》のものは、いつも変《か》わり続《つづ》けていて、よいことも悪《わる》いことも、変《か》わらないものはなにもないってことなんだ。

きみがいま、悩《なや》んでいること、不安《ふあん》に思《おも》っていることだって、いつまでも同《おな》じじゃないよ。どんなに悪《わる》い状況《じょうきょう》だって、かならず変《か》わっていくんだ。そのことを、しっかりおぼえておこう。そうすれば、もしも大《おお》きな悩《なや》みや不安《ふあん》があったとしても、気《き》もちが軽《かる》くなるんじゃないかな。

もうダメって思《おも》ったとき、つらいときには「諸行無常《しょぎょうむじょう》」って、声《こえ》に出《だ》していってみよう！

コラム4 「ブッダのことば」は、どんな人《ひと》に親《した》しまれてきたの？

いまでは「ブッダのことば」としても知《し》られている、『スッタニパータ』や『ダンマパダ』なども、たくさんのお経《きょう》の１つとして奈良時代《ならじだい》には日本《にほん》に伝《つた》えられていたよ。でも日本《にほん》ではその後《ご》、ほかのお経《きょう》をもとに仏教《ぶっきょう》が発展《はってん》したので、『スッタニパータ』や『ダンマパダ』はふつうの人《ひと》にはあまり知《し》られなかったんだ。

日本《にほん》で「ブッダのことば」として注目《ちゅうもく》されるようになったのは、明治時代《めいじじだい》、ヨーロッパでの研究《けんきゅう》がきっかけだったんだ。大正時代《たいしょうじだい》には、『ダンマパダ』などの重要《じゅうよう》な教《おし》えをまとめた本《ほん》が出版《しゅっぱん》されたり、ラジオで放送《ほうそう》されたり、大《だい》ブームになっていったんだよ。

いまでは、「自分《じぶん》の人生《じんせい》は自分《じぶん》で切《き》りひらこう」と教《おし》えるブッダの考《かんが》えは、たくさんの人《ひと》に受《う》け入《い》れられている。日本《にほん》やアジアなど、仏教《ぶっきょう》のさかんな国《くに》はもちろん、ヨーロッパやアメリカでも、人生《じんせい》に悩《なや》んでいる人《ひと》、ビジネスの世界《せかい》で活躍《かつやく》している人《ひと》、こころのやすらぎを求《もと》めている人《ひと》など、さまざまな人《ひと》びとに愛《あい》されているよ。

ボクタチモ
ブッダセンセイノヨウニ
ナリタイデス

第《だい》4章《しょう》
充実《じゅうじつ》した人生《じんせい》をすごすチカラ

いそがしい毎日《まいにち》だけど、ときには自分《じぶん》の未来《みらい》に思《おも》いをめぐらす。
いまという、この時間《じかん》をムダにしないで、
充実《じゅうじつ》した人生《じんせい》をすごすためのチカラを、この章《しょう》で見《み》つけよう!

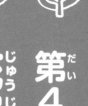

しあわせに
生《い》きるとは…

「一切《いっさい》の形成《けいせい》されたものは苦《くる》しみである」（一切皆苦《いっさいかいく》）と
明《あき》らかな知慧《ちえ》をもって観《み》るときに、
ひとは苦《くる》しみから遠《とお》ざかり離《はな》れる。

「生《い》きる」と
「苦《くる》しい」は
セットだと知《し》ること。
それがしあわせの
スタートだよ。

苦《くる》しみなんてあたりまえ！

ブッダせんせいの教《おし》えのなかには「諸行無常《しょぎょうむじょう》」があったけれど、ほかにもたいせつなものがあるよ。その1つが「一切《いっさい》皆苦《かいく》」というもの。「一切皆苦《いっさいかいく》」とは、生《い》きることと苦《くる》しいこととはセットだという意味《いみ》なんだよ。

人《ひと》はだれでも、年《とし》をとるし、病気《びょうき》になるし、いつか死《し》んでしまうよね。どんな人《ひと》だって、この3つから逃《に》げることはできない。だけど、変化《へんか》を受《う》け入《い》れることで、新《あたら》しい発見《はっけん》があったり、限《かぎ》られた時間《じかん》を意識《いしき》することで、いまをがんばれたりすることだってあるよ。だから、「一切皆苦《いっさいかいく》」を知《し》れば、本当《ほんとう》のしあわせがなにかが見《み》えてくるって、ブッダせんせいは考《かんが》えていたんだね。

毎日《まいにち》つらいことや苦《くる》しいことがあるかもしれない。でも、それはあたりまえのこと！　そう思《おも》えるようになれば、きみはしあわせに生《い》きるスタート地点《ちてん》に、もう立《た》っているよ。

夢《ゆめ》を
かなえたい！

大《おお》きな喜《よろこ》びを手《て》にできる人《ひと》は、目《め》の前《まえ》の誘惑《ゆうわく》を我慢《がまん》できる人《ひと》。

つまらぬ快楽《かいらく》を捨《す》てることによって、広大《こうだい》なる楽《たの》しみを見《み》ることができるのであるなら、心《こころ》ある人《ひと》は広大《こうだい》な楽《たの》しみをのぞんで、つまらぬ快楽《かいらく》を捨《す》てよ。

小《ちい》さな誘惑《ゆうわく》に負《ま》けない！

ブッダせんせいは、大《おお》きな喜《よろこ》びを味《あじ》わうには、目《め》の前《まえ》の誘惑《ゆうわく》を我慢《がまん》しようっていっているよ。

テストで満点《まんてん》をとろうと「勉強《べんきょう》に集中《しゅうちゅう》する！」と決心《けっしん》したのに、友《とも》だちとメール。試合《しあい》に勝《か》つために、「早起《はやお》きして練習《れんしゅう》する！」と思《おも》ったのに、二度寝《にどね》してしまった……。こんなふうに、やるべきことがわかっているのに、誘惑《ゆうわく》に負《ま》けてしまっては、目標《もくひょう》にたどりつくことはできないんだ。

「そんなのたいしたことじゃない」って、きみは思《おも》うかもしれないね。だけどその「たいしたことじゃない」ことが、きみの目標達成《もくひょうたっせい》をじゃまするんだよ。そのこわさに、きみ自身《じしん》が気《き》づかなくてはいけないんだ。

「ちょっとだけ」って気《き》もちになったら、「そのちょっとがこわい！」って考《かんが》えよう。小《ちい》さな誘惑《ゆうわく》にうち勝《か》つことができれば、大《おお》きな喜《よろこ》びを手《て》にすることにつながるよ。

ほしいものが たくさんある！

足《た》ることを知《し》り、……聡明《そうめい》で、高《たか》ぶることなく、諸々《もろもろ》の（ひとの）家《いえ》で貪《むさぼ》ることがない。

「もっとほしい」に終《お》わりはないよ。満足《まんぞく》するこころを育《そだ》てよう。

なんだよね
フフッ

いまあるものをたいせつに！

　いま、きみがほしいものはなにかな？　ゲーム、自転車《じてんしゃ》、おしゃれな洋服《ようふく》……。きっといろいろあるよね。もし1番《ばん》ほしいものが手《て》に入《はい》ったら、きみはどのくらい満足《まんぞく》できる？　きっとはじめは、うれしい気《き》もちでいっぱいになるだろう。でもしばらくすると、また別《べつ》のものがほしくなるんじゃないかな？

　ブッダせんせいによると、人間《にんげん》の「もっとほしい」という気《き》もちには、終《お》わりがないんだって。もちろんそれは、悪《わる》いことばかりではないよ。なにかを手《て》にするために、がんばることもできるからね。でも、そのくり返《かえ》しだけでは、きみのこころは疲《つか》れはててしまうはず。

　だから、「もっとほしい」にふりまわされないように、満《まん》足《ぞく》するこころをきみのなかに育《そだ》てよう。そうすれば、いま手《て》にしているものを、もっとたいせつにできるよ！

立派《りっぱ》な人《ひと》に なりたい！

あたかも、母《はは》が己《おの》が独《ひと》り子《ご》を命《いのち》を賭《か》けても護《まも》るように、
そのように一切《いっさい》の生《い》きとし生《い》けるものどもに対《たい》しても、
無量《むりょう》の（慈《いつく》しみの）こころを起《おこ》すべし。

動物《どうぶつ》にも植物《しょくぶつ》にも、
人間《にんげん》と同《おな》じように
いのちがある。
あたりまえ
だけれど、
忘《わす》れてはいけないよ。

本当《ほんとう》のやさしさを知《し》ろう！

きみが成長《せいちょう》するために、「自分《じぶん》にきびしくできるのは、本《ほん》当《とう》はきみだけだよ」って、ブッダせんせいは教《おし》えてくれていたね。でもそれだけでは、立派《りっぱ》な人《ひと》にはなれないよ。きみのまわりの人《ひと》、そして生《い》きものすべてに対《たい》して、やさしい気《き》もちをもたなくてはいけないんだ。

きみのまわりの人《ひと》たちにも、動物《どうぶつ》にも植物《しょくぶつ》にも、人間《にんげん》と同《おな》じようにいのちがある。そのいのちを、たいせつにする気《き》もちが必要《ひつよう》だよ。それはただ「みんな生《い》きているなあ」って思《おも》うだけではない。たとえば、自分《じぶん》のたった1人《ひとり》のこどもを、命《いのち》がけで守《まも》ろうとするお母《かあ》さんのような気《き》もちで、すべての生《い》きものに対《たい》してやさしい気《き》もちになるんだ。

自分自身《じぶんじしん》にはきびしい気《き》もちをもちながら、まわりの人《ひと》、そしてすべての生《い》きものに対《たい》してはやさしい気《き》もちをもつ。本当《ほんとう》のやさしさってなにか、ときには考《かんが》えてみよう！

自分《じぶん》の人生《じんせい》を
どう生《い》きる？

生《うま》れによって〈バラモン〉となるのではない。……
行為《こうい》によって〈バラモン〉なのである。

たいせつなのは、
どこに生《う》まれたか
ではなく、
この瞬間《しゅんかん》を
どう生《い》きるかだよ。

決《き》めるのはきみ自身《じしん》！

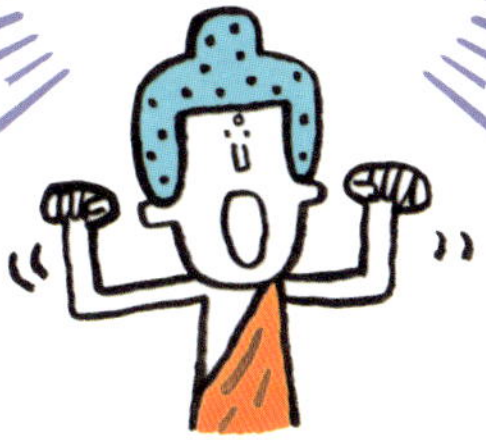

ブッダせんせいのことばにある「バラモン」は、修行《しゅぎょう》を完《かん》成《せい》した僧《そう》のこと。僧《そう》の家《いえ》に生《う》まれただけではなく、修行《しゅぎょう》をつんでこそ本当《ほんとう》の僧《そう》になる。どこに生《う》まれたかではなく、どう生《い》きるかがだいじだと、ブッダせんせいはいっているよ。

きみのもっている能力《のうりょく》も、家族《かぞく》も環境《かんきょう》も、きみが自分《じぶん》で選《えら》んだわけではない。すべて生《う》まれたときにあたえられたもので、きみには変《か》えることはできないよね。でも、きみにできる、とてもたいせつなことがあるよ。それは、「いま、この瞬間《しゅんかん》を正《ただ》しく生《い》きる」と、きみが決断《けつだん》すること。生《う》まれ育《そだ》った環境《かんきょう》に不平《ふへい》をいうのではなく、いまきみがなにをするか、どう生《い》きるかがたいせつなんだ。

いまをどう生《い》きるか。自分《じぶん》でしっかりと考《かんが》えて、自分《じぶん》で決《けつ》断《だん》しよう。これからどんな人生《じんせい》を歩《あゆ》んでいくのかを決《き》めるのは、いつでもきみ自身《じしん》なんだよ！

日本語《にほんご》になった ブッダの教《おし》え

ここでは、ブッダの時代《じだい》からはじまって、日本《にほん》に仏教《ぶっきょう》として伝《つた》わり、いまでは日本語《にほんご》としてなにげなく使《つか》われている、ブッダの教《おし》えのいくつかを紹介《しょうかい》するよ。もともとの意味《いみ》を思《おも》い出《だ》しながら、ふだんの生活《せいかつ》で使《つか》ってみよう！

【あいさつ】〔挨拶〕

だれかに出会《であ》ったとき、お別《わか》れをするとき、親《した》しい気《き》もちを伝《つた》えるのが「あいさつ」。最初《さいしょ》は、「相手《あいて》にぐさりとせまる」という意味《いみ》で、お坊《ぼう》さんになるために勉強中《べんきょうちゅう》の弟子《でし》に先生《せんせい》が質問《しつもん》する、試験《しけん》のことだったんだよ。

【ふしぎ】〔不思議〕

「不可思議《ふかしぎ》」ともいうよ。考《かんが》えたり表現《ひょうげん》したりできないことという意味《いみ》で、最初《さいしょ》は悟《さと》りをひらいたブッダ以外《いがい》の、ふつうの人《ひと》には想像《そうぞう》もつかない世界《せかい》のことだったんだ。いまでは、「ちょっと変《へん》だな」というときにも使《つか》われているね。

【じゃま】〔邪魔〕

「じゃましないで！」の「邪魔《じゃま》」は、修行《しゅぎょう》していたブッダを誘惑《ゆうわく》して、悟《さと》りをひらかせないようにした、悪魔《あくま》のことだよ。「なにかをするときに、それをさまたげるもの」を、「邪魔《じゃま》」というようになったのは、ブッダの悟《さと》りからだったんだね！

【かんさつ】〔観察〕

「観察《かんさつ》」は理科《りか》の実験《じっけん》などでおなじみだけど、もともとは、修行《しゅぎょう》するお坊《ぼう》さんが「ものごとのすがたを、こころに正《ただ》しく思《おも》い描《えが》く」ことだったんだ。注意《ちゅうい》してしっかり見《み》る、という意味《いみ》は、いまもむかしも変《か》わらないよ。

【たいくつ】〔退屈〕

お坊《ぼう》さんたちが、修行《しゅぎょう》のきびしさや苦《くる》しさに負《ま》けて、やる気《き》をなくしてしまうことが、「たいくつ」のもともとの意味《いみ》だよ。いまでは、「やる気《き》がなくなる」というよりは、ひまをもてあましているときに、よく使《つか》われているね。

【えんぎ】〔縁起〕

「お正月《しょうがつ》からえんぎがいいね」とお家《うち》の人《ひと》としゃべったこと、ないかな？　未来《みらい》のできごとの「まえぶれ」という意味《いみ》だけど、もともとは「どんなことにも原因《げんいん》がある」という、仏教《ぶっきょう》のだいじな教《おし》えの1つなんだ。

【げんかん】〔玄関〕

奥深《おくぶか》い教《おし》えの入口《いりぐち》、関門《かんもん》という意味《いみ》が、だんだんと禅寺《ぜんでら》の門《もん》や正面《しょうめん》の入口《いりぐち》をいうようになったよ。修行者《しゅぎょうしゃ》は、悟《さと》りをひらくために、その関門《かんもん》を通《とお》って「入門《にゅうもん》」したんだ。だから家《いえ》に帰《かえ》って門《もん》をくぐったり、玄関《げんかん》を通《とお》ったりするときには、ちょっとブッダを思《おも》い出《だ》してみよう！

【うちょうてん】〔有頂天〕

うれしかったり、いろいろなことがうまくいって、得意《とくい》なときのことを、「有頂天《うちょうてん》になる」っていうんだ。ブッダの教《おし》えでは、人間《にんげん》の世《せ》界《かい》のほかに、鬼《おに》のいる地獄《じごく》や神《かみ》さまのいる天《てん》の世界《せかい》など、6つの世界《せかい》があるといわれているよ。その、天《てん》の世界《せかい》のてっぺんが、「有頂天《うちょうてん》」。喜《よろこ》びすぎて、うわの空《そら》という意味《いみ》もあるから注意《ちゅうい》してね。

おわりに

24の「ブッダのことば」を読《よ》んでみて、どうでしたか？　悩《なや》みや不安《ふあん》にふりまわされないチカラは、身《み》についたでしょうか？

「なるほど！」と納得《なっとく》したことばがあれば、すぐに実行《じっこう》してみましょう。自分《じぶん》のこころをコントロールできるようになれば、毎日《まいにち》が少《すこ》しずつ変《か》わっていくでしょう。

「よくわからない」と感《かん》じたことばは、わからなくてかまいません。でも、みなさんのこころがつらくなったり弱《よわ》ったりしたときには、ブッダせんせいのことばを思《おも》い出《だ》してみてください。いまはわからなくても、あるときふと、そのことばのチカラがわかって、みなさんを助《たす》けてくれるはずです。

ブッダせんせいのことばのなかには、生《い》きることのむずかしさを教《おし》えてくれるものがありましたね。「人生《じんせい》は苦《くる》しいものなのか……」と感《かん》じてしまった人《ひと》もいるかもしれません。

けれど、人生《じんせい》のむずかしさを知《し》ることはだいじなことです。なぜなら、ただひたすら「苦《くる》しい」と思《おも》うのと、「苦《くる》しいけれど、生《い》きるとはそういうものなのだ」と思《おも》えるのとでは、気《き》もちがまったくちがうからです。ぜひ強《つよ》い気《き》もちをもって、みなさん自《じ》身《しん》の人生《じんせい》を歩《あゆ》んでいってください。

この本《ほん》によって、みなさんが悩《なや》みや不《ふ》安《あん》にふりまわされない人《ひと》になってくれることを、ぼくはこころから願《ねが》っています。

齋藤《さいとう》 孝《たかし》

● 監修者紹介

齋藤 孝（さいとう・たかし）

静岡県生まれ。明治大学文学部教授。専門は、教育学、身体論、コミュニケーション論。著書に『声に出して読みたい日本語』『声に出して読みたい禅の言葉』『日常生活で仏になる方法』（いずれも草思社）、『仏教 心を軽くする智慧』（日本経済新聞社）、『齋藤孝の天才伝4 空海』（大和書房）、『こども孫子の兵法』『こども菜根譚』『こども君主論』（いずれも日本図書センター）など多数。NHK Eテレ「にほんごであそぼ」総合指導。

● イラスト　すがわらけいこ

● デザイン・編集・制作　ジーグレイプ株式会社

● 企画・編集　株式会社日本図書センター

● 参考文献　『ブッダの 真理のことば 感興のことば』『ブッダのことば スッタニパータ』（ともに中村元訳・岩波文庫）／『仏道入門 四十二章経を読む』（古田紹欽・講談社学術文庫）／『100分de名著ブックス ブッダ 真理のことば』（佐々木閑・NHK出版）

悩《なや》みや不安《ふあん》にふりまわされない！

こどもブッダのことば

2017年 9 月25日　初版第1刷発行

監修者　齋藤 孝
発行者　高野総太
発行所　株式会社 日本図書センター
〒112-0012 東京都文京区大塚3-8-2
電話　営業部 03-3947-9387
　　　出版部 03-3945-6448
http://www.nihontosho.co.jp
印刷・製本　図書印刷 株式会社

ISBN978-4-284-20404-0　C8015